BEI GRIN MACHT SICH I
WISSEN BEZAHLT

Amüsieren wir uns zu Tode? Neil Postmans These in Anbetracht des aktuellen Programmangebotes und möglicher Veränderungen durch das Internet

Bibliografische Information der Deutschen Nationalbibliothek:

Die Deutsche Nationalbibliothek verzeichnet diese Publikation in der Deutschen Nationalbibliografie; detaillierte bibliografische Daten sind im Internet über http://dnb.d-nb.de abrufbar.

ISBN: 9783346249333
Dieses Buch ist auch als E-Book erhältlich.

Druck und Bindung: Books on Demand GmbH, Norderstedt Germany
Gedruckt auf säurefreiem Papier aus verantwortungsvollen Quellen

Das vorliegende Werk wurde sorgfältig erarbeitet. Dennoch übernehmen Autoren und Verlag für die Richtigkeit von Angaben, Hinweisen, Links und Ratschlägen sowie eventuelle Druckfehler keine Haftung.

Das Buch bei GRIN: https://www.grin.com/document/924686

Bewertung der These „Wir amüsieren uns zu Tode" von Neil Postman in Anbetracht des aktuellen Programmangebotes: Hat das Internet zu wesentlichen Veränderungen geführt?

HAUSARBEIT

vorgelegt an der
Hochschule für Medien, Kommunikation
und Wirtschaft (HMKW)

Köln, den 27. August 2020

Kurzzusammenfassung

Der allgemeine Fokus dieser Arbeit liegt auf der Bewertung der These „Wir amüsieren uns zu Tode" von Neil Postman in Anbetracht des aktuellen Programmangebotes. Speziell wird hierbei Bezug auf die Frage genommen, ob das Internet zu wesentlichen Veränderungen geführt haben könnte. Nach der Klärung und Definition der nötigen Begrifflichkeiten, wird die historische Entwicklung des Programmangebotes beschrieben. Hierbei wird phasenweise die Entwicklung des deutschen Rundfunks, sowohl Hörfunk als auch das Fernsehen, sowie das Internet erläuternd betrachtet. Als „bahnbrechende Erfindung des 21. Jahrhunderts" geltend, wird anschließend auf die heutige Grundstruktur des Internets noch einmal näher eingegangen. Bezugnehmend auf Neil Postman wird die in seinem Buch veröffentlichte These durchleuchtet und am Beispiel des Internets analysiert. Zum Schluss folgt ein persönliches Fazit, welches sich aus der vorangegangenen Erörterung ergibt.

Die Arbeit soll durch das Lesen sowohl ein grundlegendes Wissen über die historische Entwicklung des deutschen Programmangebotes bis heute, als auch kritische Aspekte einer Medientheorie vermitteln.

Inhaltsverzeichnis

1 Einführung

„Wir amüsieren uns zu Tode" – so lautet der Titel, der dieser Ausarbeitung zu Grunde liegenden Publikation von Neil Postman. Seine Veröffentlichung liegt bereits etwa 33 Jahre zurück, in der Aktualität hat das Thema dagegen nichts eingebüßt, ganz im Gegenteil.

Die vorliegende Arbeit soll die Thesen und Beobachtungen Postmans, auf welche er sich über das Medium Fernsehen in den Vereinigten Staaten gestützt hat, wiedergeben und sie anhand des aktuellen Programmangebotes bewerten. Hierbei soll der Frage nachgegangen werden, ob Postmans Beobachtungen und Modelle in Bezug auf die heutige Zeit ihre Gültigkeit beibehielten.

Der erste Teil der Arbeit beinhaltet grundlegende Begriffsklärungen für das bessere Verständnis. Anschließend werden wichtige geschichtliche Hintergründe in Bezug auf die Entwicklung des Rundfunks (Hörfunk und Fernsehen) sowie des Internets erläutert und deren heutiges Programmangebot dargestellt.

Der Schwerpunkt soll jedoch auf der in Postman's Buch veröffentlichte These liegen, welche im späteren Verlauf dieser Hausarbeit durchleuchtet und am Beispiel des Internets anschließend analysiert wird.

Die in dieser Arbeit analysierten Themen ergaben mehr als genügend Material, auf welches leider nicht in vollem Umfang eingegangen werden konnte. Mit Blick auf den begrenzten Rahmen dieser Ausarbeitung wurde aus diesem Grund auf den Einbezug tiefgründigerer Themen sowie Aspekte verzichtet. Der Einbezug dieser Themen in die vorliegende Hausarbeit hätte keinen Einfluss auf das Ergebnis gehabt.

2 Definition und Begriffsklärungen

Der allgemeine Fokus dieser Arbeit liegt auf der Bewertung der These „Wir amüsieren uns zu Tode" von Neil Postman in Anbetracht des aktuellen Programmangebotes. Speziell wird hierbei Bezug auf die Frage genommen, ob das Internet zu wesentlichen Veränderungen geführt haben könnte. Um dieses Thema jedoch zufriedenstellend bearbeiten zu können, ist zu Beginn eine Definition leitender Begriffe von Nöten.

Der Begriff *Rundfunk* wurde von Heinrich Jürgen auf Grundlage der juristischen Begriffsklärung aus dem Gebührenstaatsvertrag treffend definiert als „die für die Allgemeinheit bestimmte Veranstaltung und Verbreitung von Darbietungen aller Art in Wort, in Ton und in Bild unter Benutzung elektromagnetischer Schwingungen ohne Verbindungsleitung oder längs oder mittels eines Leiters" (Jürgen, 1999). Dies schließt, entgegen des mittlerweile in der Gesellschaft gängigen Gedankens, dass Rundfunk gleichzusetzen sei mit Hörfunk und somit nur das Radio mit einbezieht, sowohl den *Hörfunk* als auch das *Fernsehen* mit ein. Dieser Irrglauben ist in Teilen auf die Definition des Begriffs von Hans Bredow 1921 zurückzuführen, welcher sich damals nur auf den Hörfunk bezogen hat. Erst in den 50er Jahren wurde schließlich auch das Fernsehen zur allgemeinen Definition hinzugefügt (Jürgen, 1999).

Ebenfalls zu definieren sind die Begriffe *Fernsehen* und *Hörfunk*, da diese einen elementaren Teil der vorliegenden Arbeit ausmachen. Fernsehen lässt sich einerseits definieren als „im Allgemeinen eine Technik zur Aufnahme von Bildern an einem Ort, deren Übertragung an einen anderen Ort sowie ihrer dortigen Wiedergabe" (Konter, 2007, S. 8) oder auch als „ein Massenmedium, dass sich seit den 1950er Jahren in den Industriestaaten als Leitmedium entwickelt hat. Es dient der gesellschaftlichen Kommunikation, da es orientierend und nivellierend wirkt und durch ständige Wiederholungen die Grundlage der allgemeinen Stil- und Geschmacksbildung ist" (Konter, 2007, S. 8).

Eine treffende Definition des Begriffs Hörfunk ist da weitaus einfacher zu treffen mit beispielsweise der Definition als „die Aufnahme, Übertragung und Wiedergabe von Ton mit Hilfe elektromagnetischer Wellen (drahtlos) oder über Kabel" (Weichler, 2003, S. 95). In Abgrenzung zum neuen Medium Fernsehen wurde der Hörfunk später auch als *Radio* bzw. *Tonrundfunk* bezeichnet.

Zum Schluss sei ebenso relevant zu erwähnen, dass in die Vergangenheit von Deutschland geblickt werden muss, um die Entstehung des Rundfunks zu erläutern. Das bedeutet, dass nicht nur die heutige Bundes Republik Deutschland, sondern auch etwaige Abweichungen der heutigen Betitelung wie beispielsweise die DDR betrachtet werden.

3 Der Rundfunk

Die Medien sind immer im gesellschaftlichen und historischen Kontext zu verstehen: Mit der Erfindung des Buchdrucks veränderte sich die Gesellschaft. Mit der Einführung von Radio, Fernsehen und Internet entwickelte sich die moderne Informations- und Kommunikationsgesellschaft. Für eine historische Einordnung in die massenmediale Entwicklung ist es daher notwendig, jeweils kurz auf die Entstehungsgeschichte des bundesdeutschen Programmangebotes einzugehen.

3.1 Historische Entwicklung des Rundfunks

Die Entstehung und Entwicklung des Rundfunks lässt sich in sieben Phasen einteilen, wovon sechs im Folgenden beschrieben werden sollen. Diese sechs Phasen sollen den Rahmen zur Erleichterung der Beschreibung der Entwicklung des Rundfunks bilden. Die siebte und letzte Etappe stellt den gegenwärtigen Stand des Rundfunks dar und wird anschließend gesondert skizziert.

Die erste Phase beschreibt die Errichtung und Entstehung des Rundfunks bis zur Zeit des Nationalsozialismus (1923 bis 1932). Zwar existierte der Rundfunk in anderer Form bereits vor den 1920er Jahren, wurde dort allerdings nur für militärische, staatliche und wirtschaftliche Zwecke genutzt, und nicht für die Öffentlichkeit. Aus diesem Grund verzichten wir auf einen genaueren Blick auf die Nutzung vor 1923. Als Anfang des öffentlich zugänglichen Rundfunks gilt der 29. Oktober 1923, als die erste deutsche, für die Allgemeinheit produzierte Hörfunksendung ihren Ursprung im Berliner Vox-Haus erlebte. Der Rundfunk, welcher zu dieser Zeit nur aus dem Hörfunk bestand und erst später auch das Fernsehen beinhaltete, wurde zu diesem Zeitpunkt von zwei Gesellschaften verwaltet: Zum Einen von der Deutschen Stunde – Gesellschaft für drahtlose Belehrung und Unterhaltung, welche für die kulturelle Darbietung verantwortlich war, und zum anderen vom Drahtlosen Dienst – AG für Buch und Presse, verantwortlich für Nachrichten und politische Inhalte. Aus diesen beiden Gesellschaften entwickelte sich eine vieler regionaler Rundfunkgesellschaften, die Radiostunde AG. In manch anderen Städten (wie z.B. Hamburg, Leipzig, Breslau,

Köln und einigen weiteren) wurden weitere Rundfunkgesellschaften gegründet. Sowohl mit privaten als auch staatlichen Anteilen schlossen sich diese 1925 zu der Reichsrundfunkgesellschaft mbH. (RRG) zusammen und unterlagen zu 51 Prozent dem Reich als Ganzes. Der Staat suchte zeitgleich nach einem Weg, auch überregional an die Öffentlichkeit zu gelangen, was die Einführung des Deutschlandsenders und der Stunde der Reichsregierung nach sich zog. Dadurch wurde eine direkte, einseitige Kommunikation mit dem gesamten Volk ermöglicht, ohne an die einzelnen regionalen Sendergesellschaften treten zu müssen. Um die deutschsprachige Bevölkerung im Ausland zu erreichen, eröffnete 1929 dann der speziell für das Ausland gedachte Kurzwellensender Deutscher Kurzwellensender (Pürer, 2015).

Die zweite Phase umfasst die Zeit des Nationalsozialismus in Deutschland (1933 bis 1945). Mit der Machtergreifung Adolf Hitlers 1933 wurde die Kontrolle des Rundfunks vollständig vom nationalsozialistischen Regime übernommen. Die bis dahin existierenden elf regionalen Rundfunkgesellschaften wurden in sogenannte Reichssender umgewandelt und bekamen ein Teil der Reichsrundfunkgesellschaft. Geleitet wurde der Rundfunk von einem Direktor, welcher für die Sendeleitung, Technik und Wirtschaft zuständig war. Über diesem stand jedoch noch das Reichsministerium für Volksaufklärung und Propaganda, welches, mit Joseph Goebbels an der Spitze, die politischen Inhalte und Impulse an die deutsche Bevölkerung formte. Die Reichskulturkammer sorgte unter anderem dafür, dass jeder Bürger auf den Rundfunk aufmerksam wurde und in der Lage war, sich ein Empfangsgerät zu leisten. Da Radiogeräte für jeden erschwinglich sein sollten, wurden sie als Hauptpropagandamittel verwendet. Deshalb wurde die Produktion für Radioempfangsgeräte für die Haushalte immer weiter gesteigert (Pürer, 2015). Auch der zweite Pfeiler des Rundfunks, das Fernsehen, erlebte seine Anfänge während dieser Zeit. „Am 22. März 1935 begann ein Fernsehsender auf dem Berliner Funkturm regelmäßig ein tägliches Programm von zwei Stunden Dauer auszustrahlen. Für die Fernsehtechnik war das Reichspostministerium, für die Programmproduktion das Reichspropagandaministerium und für die Sendefrequenz das Reichsluftfahrtministerium zuständig" (Bundeszentrale für politische Bildung, 2012). Sowohl im Hörfunk als auch im Fernsehen war alleinig das Reichspropagandaministerium für die Inhalte zuständig. Fernsehgeräte waren jedoch noch in ihrer Anfangsphase, weshalb sie überwiegend in öffentlichen „Fernsehstuben" zu finden waren und weniger in Privathaushalten. Dies erschwerte es, die breite Masse der Bevölkerung zu erreichen und sollte deswegen ebenfalls zu Propagandazwecken geändert werden. Der Zweite Weltkrieg machte „jedoch die Pläne zunichte, das Medium Fernsehen ähnlich dem Hörfunk zu einem Volksmedium aufzubauen und für propagandistische Zwecke zu nutzen" (Pürer, 2015, S. 108).

Anschließend folgt die Phase der Nutzung des Rundfunks in Deutschland durch die Besatzungsmächte (1945 bis 1949). Nachdem für die Deutschen 1945 der Zweite Weltkrieg verloren war, leiteten die Besatzungsmächte ein unmittelbares Sendeverbot der Rundfunkanstalten ein, um die Propaganda zu stoppen. In ihren Besatzungsgebieten sorgten die vier Siegermächte für die Errichtung von Rundfunkanstalten. Die Briten, Franzosen und Sowjets verfügten über je eine zentrale Leitrundfunkanstalt in den jeweiligen Besatzungsgebieten und versuchten die Rundfunkstrukturen aus ihrem eigenen Land für die Anstalten in den Besatzungszonen zu adaptieren. Jede Landesrundfunkanstalt in Deutschland verfügte über drei Aufsichtsorgane, welche die Unabhängigkeit und Staatsferne der Anstalt garantierten: Zum einen ein Rundfunkrat, welcher aus Vertretern gesellschaftlich relevanter Gruppen, wozu beispielsweise Kultur, Bildung, Kirche und anderen gehörten, Mitgliedern des Landesparlaments und geboren Mitgliedern von Amts wegen zusammengesetzt war (Schätzelein, 1995), eine Rundfunkanstalt leitete und für das Programm sorgte. Ein weiteres Organ war der Verwaltungsrat. Dieser „wiederum kontrolliert und unterstützt den Intendanten bei der Geschäftsführung" (Reinle, 2005), was beispielsweise die Finanzierung und Rundfunkwirtschaft betraf. Als drittes Organ stand der Intendant an der Spitze der Rundfunkanstalten. Er war in der Position des monokratischen Individualorgans verantwortlicher Leiter einer Rundfunkanstalt und damit von Rechts wegen für Zusammenstellung, Inhalt und Gestaltung der Programme im Sinne der Programmgrundsätze zuständig (Stuiber, 1998).

Die nächste Etappe betrifft die Einführung des öffentlich-rechtlichen Rundfunks und Entstehung der ARD und des ZDF (ab 1950). Die „deutschen" Landesrundfunkanstalten, welche sich immer mehr aus den Rundfunkanstalten der Besatzungsmächte entwickelten, erkannten bald die Notwendigkeit einer

Zusammenarbeit, da viele Rundfunkanstalten Probleme mit der Finanzierung oder Organisation hatten. Keiner der Intendanten wollte allerdings eine Reduzierung der eigenen Entscheidungsfreiheit, doch als die Befürchtungen wuchsen, dass durch eine Zentralisierung der Anstalten genau dies der Fall war, musste erneut ein Kompromiss gefunden werden. „Die Rundfunkanstalten einigen sich stattdessen im Juni 1950 auf die Gründung der Arbeitsgemeinschaft der öffentlich-rechtlichen Rundfunkanstalten der Bundesrepublik Deutschland [...]. Die ARD war ein lockerer Zusammenschluss ohne eigene Rechtsprechung [...]" (Reinle, 2005).

Das Zweite Deutsche Fernsehen (ZDF) wurde 11 Jahre später gegründet. Ursächlich hierfür war der Versuch des damaligen Bundeskanzlers, Konrad Adenauer, das Deutschland-Fernsehen, die Deutsche Welle für Auslandshörfunk und den Deutschlandfunk als Sender der DDR zu gründen. Letztere Rundfunkanstalten wurden genehmigt, erstere jedoch nicht, da verhindert werden sollte, dass der Bund bzw. der Staat als solches den Fernsehmarkt dominieren kann. Eine Klage der Bundesländer erreichte das Bundesverfassungsgericht, welche die Gründung des Deutschland-Fernsehens untersagte und als Absicherung am 28. Februar 1961 genauestens festschrieb, wer für den Rundfunk zuständig sei. Demnach wurde also beschlossen, „dass die Organisation des Rundfunks eine Angelegenheit sei, welche ausschließlich die Länder zu regeln hätten" (Stuiber, 1998, S. 224). Auf dieser Basis wurde eine zweite öffentlich-rechtliche Rundfunkanstalt eingerichtet – das ZDF.

Die darauffolgende Etappe thematisiert die Einführung des dualen Rundfunksystems durch die Errichtung des privaten Rundfunks (ab 1981 bzw. 1984). Bis 1984 gab es nur private Radiosender, bis dann 1984 auch private Fernsehveranstalter erschienen, mit SAT.1 und RTLplus (heute nur RTL) an der Spitze. 1986 wurde die Kombination des öffentlich-rechtlichen und privaten Rundfunks durch das Bundesverfassungsgericht endgültig für konform erklärt, woraus sich die Basis für das später offiziell folgende duale Rundfunksystem und die damit verbundene Aufgabenverteilung der beiden Rundfunkarten in Deutschland bildete. Als Aufgabe der öffentlich-rechtlichen galt, die „Grundversorgung (nicht Mindestversorgung!) mit informierenden, bildenden und unterhaltenden Programmen zu leisten" (Pürer, 2015, S. 127), hierfür bekamen sie jedoch das alleinige Recht auf Zwangsgebühren, welche die Entwicklung und

Erhaltung des öffentlich-rechtlichen Rundfunks garantieren sollten. Die privaten Rundfunkanstalten wiederum waren ausschließlich auf Werbeeinnahmen angewiesen, wodurch mehr Freiheiten bei der Programmgestaltung ermöglicht wurden. Voraussetzung für diese Freiheiten war allerdings das Nachkommen der Grundversorgungspflicht durch die öffentlich-rechtlichen Anstalten in Bezug auf Bildung, Kultur und Information. 1987 wurde dann auf dieser Basis das duale Rundfunksystem verfassungsrechtlich eingeführt (Pürer, 2015).

Die letzte historische Phase beinhaltet die Entwicklung des Rundfunks nach der Wiedervereinigung Deutschlands (ab 1990) (Pürer, 2015). Als größtes Problem für den Rundfunk nach dem Zusammenschluss der DDR und BRD galt die Errichtung einer einheitlichen Rundfunkstruktur, da laut Art. 36 des Einigungsvertrages der „Deutsche Fernsehfunk" und die Radioprogramme der DDR zusammengeschlossen werden und ebenso wie die ursprünglichen Länder der BRD, die Bevölkerung in den neuen Ländern mit Hörfunk- und Fernsehsendern versorgen sollten. Dieser „Staatsvertrag über den Rundfunk im vereinten Deutschland" ist seit 1991 existent und legitimiert und regelt die genannten Änderungen. Mit der Zeit schlossen sich verschiedene Länder zu weiteren Landesrundfunkanstalten zusammen und der ARD an (beispielsweise bildeten Thüringen, Sachsen und Sachsen-Anhalt den Mitteldeutschen Rundfunk und wurden Teil der ARD) (Pürer, 2015).

3.2 Heutige Grundstruktur des Rundfunks

Wie bereits erwähnt verfügt Deutschland in seiner dualen Rundfunkordnung über zwei Arten von Rundfunkanbietern, die öffentlich-rechtlichen und die privaten. Im folgenden Abschnitt soll jedoch zuerst die heutige Grundstruktur des öffentlich-rechtlichen Rundfunks beschrieben werden.

Die Aufgaben dieser Rundfunkanbieter bestehen darin, „dass der Rundfunk die Bürger frei, umfassend und ausgewogen informiert, damit diese in die Lage versetzt werden, eigene politische und weltanschauliche Entscheidungen zu treffen" (Georgi, 2016). Nach wie vor existieren die drei bereits erwähnten Kontroll- bzw. Steuerungsorgane (Rundfunkrat, Verwaltungsrat und Intendant). Relativ unabhängig vom Staatsorgan dienen sie der allgemeinen Meinungsvielfalt im öffentlich-rechtlichen Rundfunk. Der Rundfunkrat soll, wie bereits beschrieben, die

Interessenvielfalt sichern und setzt sich deshalb aus den gesellschaftlich relevanten Gruppen der Bevölkerung zusammen. Er ist für die Kontrolle des Inhalts des Programms zuständig. Er wählt und berät den Intendanten, welcher für die Programmgestaltung und allgemeine Geschäftsführung verantwortlich ist, und den Verwaltungsrat, welcher die Arbeit des Intendanten und die wirtschaftlichen Aspekte der Rundfunkanstalten kontrolliert (Reinle, 2005).

Alle öffentlich-rechtlichen Rundfunkanstalten (beispielsweise der RBB, BR, HR oder Radio Bremen) vereinen sich unter der ARD. In der Theorie wird der Vorsitz der ARD theoretisch jährlich gewählt, (in der Praxis wechselt er jedoch meist erst alle zwei Jahre, da er wiedergewählt werden kann und selten nach einem Jahr abgesetzt wird) nach einem Rotationsprinzip, welches entscheidet, welche Rundfunkanstalt als geschäftsführende Anstalt dient. Der Intendant der gewählten Anstalt wird somit zum Vorsitz. „Für die Koordination und Produktion der Fernsehprogramme der ARD [gibt es zudem] eine ständige Programmkonferenz, der der Direktor der Programmdirektion vorsteht" (Pürer, 2015, S. 112). Zudem gibt es noch die Gremienvorsitzendenkonferenz (GVK), zusammengesetzt aus den Vorsitzenden der Rundfunkräten und Verwaltungsräten der Landesrundfunkanstalten und zusätzlich aus denen der Deutschen Welle. Als letztes nennenswertes Organ gibt es noch das ARD-Generalsekretariat, welches allerdings nur beratend auf den ARD-Vorsitz wirken kann (Pürer, 2015). Abschließend soll auf die Finanzierung der öffentlich-rechtlichen Rundfunkanstalten eingegangen werden: Sie setzt sich zum einen aus staatlichen Beiträgen zusammen, welche jedoch nicht die alleinige Geldquelle sein können, da sonst die Distanz zum Staat nicht mehr bestünde und die Berichterstattung durch die finanzielle Abhängigkeit verzerrt werden könnte. Aus diesem Grund werden noch Rundfunkbeiträge der Bevölkerung hinzugezogen. Einen kleinen Teil trägt auch die Rundfunkwerbung und das Merchandise bei. Deutlich wird also, dass es sich um eine Mischfinanzierung handelt (Georgi, 2016).

Wie auch beim öffentlich-rechtlichen Rundfunk gilt beim privaten Rundfunk der Rundfunkstaatsvertrag als Rechtsgrundlage. Mit dem Unterschied jedoch, dass auf der Landesebene nicht die Landesrundfunkgesetze, sondern die Landesmediengesetze gelten. Die 14 existierenden Landesmedienanstalten beaufsichtigen die jeweiligen privaten Rundfunkveranstalter in den Ländern beispielsweise in Bezug auf die Programmgestaltung, sorgen für die Einhaltung der Landesmediengesetze und entscheiden über die Vergabe von Zulassungen. Durch die begrenzte Kapazität an Sendefrequenzen und den großen dahinterstehenden finanziellen Aufwand, erhält nicht jeder diese Zulassung. Des Weiteren möchte man so einer Monopolbildung entgegenwirken. Für den privaten Rundfunk gelten gesetzliche Programmvorgaben. Beispielsweise soll darauf geachtete werden, dass die Menschenwürde unverletzt bleibt, die journalistischen Sorgfaltspflichten eingehalten werden, es eine klare, für den Zuschauer erkennbare Trennung zwischen Programm und Werbung gibt und die allgemeine Meinungsvielfalt gesichert wird. Letzteres hat zur Folge, dass bei einer Überschreitung des Zuschaueranteils von 30% alle weiteren Programmveranstaltungen des Unternehmens eingestellt werden. Die Kommission zur Ermittlung der Konzentration im Medienbereich (KEK) kontrolliert die Zuschaueranteile und greift im Notfall ein. Finanziert wird jeder private Rundfunkveranstalter im Grunde ausschließlich durch Werbung, was ebenfalls einen starken Unterschied zu dem öffentlich-rechtlichen Rundfunk darstellt. Dies verdeutlicht, dass beim privaten Rundfunk hauptsächlich die Gewinnerzielung im Vordergrund steht (lecturio.de, 2016).

4 Das Internet

Im folgenden Kapitel wird sich mit der historischen Entwicklung des Internets sowie seiner heutigen Grundstruktur befasst. Besonderer Fokus wird auf das Internet als bahnbrechende Erfindung des 21. Jahrhunderts gelegt und dahingehend seine Eigenschaften in Bezug auf das heutige Programmangebot beleuchtet.

4.1 Historische Entwicklung des Internets

Nach Hilbert und López lässt sich die Geschichte des Internets in drei Phasen einteilen (2011). Mit der Frühphase ab Mitte der 1960er Jahre wurden die Grundlagen gelegt, die Technik demonstriert und zur Anwendungsfähigkeit entwickelt.

Für die US Air Force entwickelte Paul Baran von der Firma RAND Corporation 1964 das so genannte Dezentrale Netzwerk mit digitaler Informationsübertragung, bei welchem die Daten über verschiedene Wege in kleinen Paketen durchs Netz zum Zielcomputer gesendet und dort wieder zu einer sinnvollen Information zusammengesetzt wurden. Einige Jahre später, ab 1966 konnte amerikanischen Universitäten mithilfe der Finanzierung durch die Advanced Research Projects Agency (ARPA) jeweils ein Zugang zu einem Großrechner gesichert werden. 1968 bat die ARPA um Unterstützung US-amerikanischer Firmen bei der Vernetzung von Rechnern. Dem Auftrag stellte sich das Unternehmen BNN Technologies (BNN) und realisierte dadurch ein Jahr später das ARPAnet. Zu diesem Zeitpunkt kommunizierten die Rechner mit Hilfe des Netzwerk-Protokolls Telnet, mit welchem sich Rechner stets heute noch von anderen Rechnern aus fernsteuern lassen. Wenig später erfand der BNN-Mitarbeiter Raymond Tomlinson 1972 eine Software zum Versenden von elektronischen Briefen, die heutige E-Mail. 1974 erfanden der Mathematiker Robert Kahn und der Computerspezialist Vinton Cerf eine „Übersetzungssprache" für die Kommunikation zwischen den unterschiedlichen und bisher isolierten Netzwerken: das Transmission Control Protocol (TCP). Wenig später entstand daraus das TCP/IP (Transmission Control Protocol/Internet Protocol), dessen Merkmal aus der Datenübermittlung in kleinen

Datenpaketen bestand. 1975 wird die erste elektronische Diskussionsgruppe über das Internet, „MsgGroup", von Stephen Walker (ARPA) ins Leben gerufen. Sie galt als ein schwarzes Brett im Netz, auf dem alle E-Mails der anderen Schreiber gelesen und beantwortet werden konnten. Wenige Jahre später entstand das „USENET", ein Diskussionsbrett mit verschiedenen Diskussionsforen („Newsgroups"), unabhängig von „MsgGroup" der ARPA (Konitzer, 2010).

Mit der anschließenden Phase Ende der 1970er Jahre begann das Wachstum und die internationale Ausbreitung des Internets, denn zu dieser „wilden Phase des Internets" (Hilbert & López) entwickelte sich das Internet in eine Tauschökonomie für Software und Information (2011). Im Jahr 1981 wurden 188 im Internet vernetzte Rechner mit ca. 500.000 Usern registriert. Zwei Jahre später teilte sich das ARPAnet: „MILnet" übernahm den militärischen Datenverkehr, während das zweite Teilnetz den Namen ARPAnet beibehielt. Zur genauen Adressierung von Rechnern wurden 1986 Top Level Domains (TLD) durch Vertreter der Regierung und Firmen ins Leben gerufen. Dahinter verbargen sich Kürzel für Länder oder bestimmten Einrichtungen (wie bspw. *.de* für Deutschland oder *.com* für Unternehmen).

Timothy Berners-Lee, Mitarbeiter am Kernforschungszentrum in Genf, stand 1989 vor folgendem Problem: 7000 Mitarbeiter der Europäischen Organisation für Kernforschung (CERN) waren nicht unmittelbar auf dem Stand, wer gerade an welchem Projekt arbeitete, da sich Informationen darüber nur sehr umständlich miteinander austauschen ließen. Berners-Lee entwickelte daraufhin ein Programm, mit welchem Daten eindeutig in anderen Rechnern auffindbar und dadurch Verlinkungen zwischen den Dateien möglich waren und nannte dieses Programm World Wide Web (WWW) (Konitzer, 2010).

1990 begann mit der Abschaltung des ARPAnet die kommerzielle und zugleich letzte (Entwicklungs-)Phase des Internets (Hilbert & López, 2011). Nur 2 Jahre nach der Geburt des WWW, 1991, veröffentlichte Berners-Lee die Software im Internet. Die Hypertext Markup Language (HTML) wurde zur Programmierung verlinkbarer Internetseiten entwickelt und von der Internet-Gemeinde sofort übernommen: Bereits 1993 galt sie als Standard der Internet-Kommunikation. Etwa zur selben Zeit wurde das Internet, das bisher aus amerikanischen Steuergeldern finanziert wurde, durch eine Initiative des US-Abgeordneten Rick Boucher frei und öffnete sich dem Kommerz. Nach und nach entstanden die ersten Suchmaschinen und erste Audio- und Videodateien wurden im Netz versendet. Während 1993 noch etwas mehr als zwei Millionen Rechner im Netz registriert waren, stieg die Anzahl 1996 auf 16 Millionen, 1998 sogar auf mehr als 36 Millionen (Konitzer, 2010). Im Laufe dieses exponentiellen Wachstums wurde die heute weltweit erfolgreichste Internet-Suchmaschine Google von Larry Page und Sergey Brin gegründet (Google erhielt 2017 weltweit etwa 79 % aller Suchanfragen des Internets) (NetMarketSharte, n.d.) und kurze Zeit später, im Jahr 2003, verfügten über 50% der deutschen Bevölkerung über einen Zugang zum Internet (Konitzer, 2010).

4.2 Das Internet als bahnbrechende Erfindung des 21. Jahrhunderts

Mit der wachsenden Verfügbarkeit des Internets, stiegen folglich auch die Zahlen der Internetnutzer in den letzten Jahren deutlich. Eine Studie des ARD und ZDF stellte heraus, dass die Zahl der Internetnutzer in Deutschland von 1997 mit 4,1 Millionen bereits auf 62,4 Millionen Menschen im Jahr 2017 anstieg (Statista, n.d.). Dies bedeutet, dass die Nutzung des Internets seit 1997 um ca. 70% zugenommen hat. Worauf diese Entwicklung zurückzuführen ist soll im folgenden Abschnitt erörtert werden.

Als das Internet in den 90er Jahren für die breite Masse zugänglich gemacht wurde, bestand das World Wide Web – aus heutiger Sicht betrachtet – aus recht wenigen Funktionen. Man konnte Internetseiten aufrufen, Verlinkungen zu weiteren Seiten folgen und vereinzelt Bilder und Videos anschauen. Diese Art des Internets nennte man Web 1.0. Webseiten waren statisch konstruiert, sie gaben sozusagen lediglich die Printversion der Visitenkarte eines Unternehmens digitalisiert wieder. Reaktionen auf den Inhalt im Netz waren den Besuchern jedoch vorenthalten. Kommentarfunktionen oder das heutige "liken" eines Beitrags waren folglich nicht möglich. Bei der Form des Web 1.0 war der Fokus auf den Inhalt gerichtet und somit auf die Übertragung von Informationen des Webseiten-Betreibers. Die Rolle des Besuchers war daher eher passiv (Flat Business, n.d.).

Mit der neuen Form des Internets, des sogenannten Web 2.0 wurden diese und weitere Funktionen freigeschaltet. Der Nutzer wurde aufgefordert, auf die Inhalte des Webs zu reagieren und sie sogar selber zu gestalten. Dies wurde zum einen durch vereinfachtere Programmierformen erreicht, zum anderen durch Plattformen wie soziale Netzwerke (Springer Gabler Verlag, n.d.). Das Internet entwickelte sich sozusagen zu einem "Mitmachnetz" und vereinfachte Interaktion und Kommunikation zwischen den Nutzern und Betreibern. Durch diese Veränderung entwickelte sich der passive Nutzer des Web 1.0 zum Prosumenten des Web 2.0. Er konsumiert die verfügbaren Informationen und produziert eigene Inhalte. Durch diese ständige Interaktion der Nutzer wird die Datensammlung im Netz kontinuierlich erweitert und aktualisiert (ebd.).

Durch die fortlaufende Entwicklung des Internets, seiner Verfügbarkeit und Erreichbarkeit und der fortlaufend neuen Funktionen, entstand auch ein komplett neues Programmangebot für den Nutzer. Die einfache Bedienung eines Smartphones oder Tablets, macht es dem Nutzer leicht, Informationen abzurufen. Apps ermöglichen uns den Zugang zu vielen Bedürfnissen, die manch einer früher vielleicht nicht einmal geglaubt hätte zu haben. Mittlerweile ist das einfache Abrufen von Informationen zum Alltag geworden. Sei es seinen täglichen News-Feed auf Instagram zu "checken", seine Bankangelegenheiten bequem unterwegs auf dem Weg zur Arbeit zu klären, oder mit seiner besten Freundin zu telefonieren, die gerade Urlaub auf Hawaii macht. Wir sind ständig miteinander verbunden, sei es über das Smartphone, Tablet oder Netbook. Das ist zum einen der Beliebtheit von sozialen Netzwerken zugrunde gelegt, zum anderen der allgegenwärtigen Verfügbarkeit des Internets. Zumindest ist das bei uns in Deutschland der Fall. Obwohl die Zahl der Internetnutzer exponentiell gewachsen ist, gibt es immer noch Länder oder bestimmte Regionen in denen Internet nicht zum alltäglichen Tagesablauf gehört. In Indien zum Beispiel sind es immer noch über eine Milliarde Menschen, in China 700 Millionen, die (noch) keinen Zugang zum Internet besitzen (McKinsey, n.d.).

Nicht nur das tägliche Abrufen von Informationen ist mittlerweile fester Gegenstand unseres Daseins geworden, sondern auch die Angewohnheit analoge Verhaltensweisen in die digitale Welt zu übertragen. So machen wir uns die Bequemlichkeit des Internets zu Nutze und kaufen unsere Kleidung über Portale wie *Zalando* und Co., bestellen unsere Medikamente über Online-Apotheken oder aber verlieben uns sogar online über Partnerbörsen wie *Paarship* oder *ElitePartner*. Beispielsweise waren 2015 laut Statista über 8,4 Millionen Deutsche auf

Partnersuche im Web unterwegs (Statista, n.d.). Heutzutage ist es ebenfalls weit verbreitet, online zu arbeiten. Viele Selbstständige gehen darauf über, Ihren Beruf lediglich vom PC aus zu führen. Wofür lohnt es sich ein Büro anzumieten, wenn man alles, was man benötigt, bereits zuhause hat? Das Internet ermöglicht uns viele Optionen, die unser Leben, die Kommunikation untereinander und unser Arbeiten erleichtern.

Das Programmangebot hat sich also dahingehend erweitert, dass wir zusätzlich zu dem Massenmedium "Fernsehen" oder "Radio", welche hauptsächlich von Seiten der Betreiber gesteuert wurden, mit dem Internet einen Rund-um-die-Uhr-Service dazugewonnen haben, den wir individuell bestimmen können. Ob wir nun morgens um neun Uhr oder abends um zehn Uhr die Nachrichten lesen, die verpasste Folge der Lieblingssendung anschauen oder uns über die Natur von Sibirien informieren wollen, ist uns alleine überlassen. Durch die Flexibilität des Internets müssen wir uns nicht mehr an einen festen Sendetermin halten.

Aber nicht nur das selbstbestimmte Abrufen der Programme, sondern auch der Ausbau des Programmangebots haben zu Veränderungen geführt. Die Nachfrage nach Video-on-Demand Services (VoD) oder Musik-Streaming Diensten in Deutschland wächst. Laut der Beratungs- und Forschungsgruppe Goldmedia gibt es in Deutschland etwa 17 Millionen digitale Video-Abos. Von allen Anbietern mit Abonnement-basierten Geschäftsmodellen, hat *Amazon* in Deutschland den größten Marktanteil nach Nutzern, gefolgt von *Netflix* (Loesche, 2017). Durch die Verbreitung des Netzes entstehen natürlich auch größere Zielgruppen und damit neue Märkte. Webseiten-Betreiber oder Streaming-Dienst-Anbieter können mehr Kunden ansprechen und somit ihr Angebot ausbauen und auf den Kunden abstimmen. Dadurch entsteht für uns als Nutzer ein Reichtum an Videos, Serien und Musik im Netz – welche wir nach Lust und Laune abrufen können.

Wie die Entwicklung des Internets auf das 1985 erschienene Buch "Wir amüsieren uns zu Tode" von Neil Postman zu übertragen ist, soll anhand der nächsten Kapitel verdeutlicht werden.

5 Neil Postman und sein Buch „Wir amüsieren uns zu Tode"

Das folgende Kapitel beschäftigt sich mit Neil Postman als Person und seinem 1985 erschienenen Buch "Wir amüsieren uns zu Tode", welches länderübergreifend für Aufruhr sorgte. Zuerst wird der biographische Hintergrund Postmans beleuchtet und der Inhalt des Buches lakonisch zusammengefasst. Anschließend wird die Situation des Mediums Fernsehen bei Erscheinen des Buches im Jahr 1985 erörtert und von der Situation in Deutschland abgegrenzt.

Neil Postman (1931-2003) war ein US-amerikanischer Medienwissenschaftler und Kritiker des Mediums Fernsehen. 1959 wurde er Professor für "Communication Arts and Sciences" an der Privaten Universität von New York. Dort widmete er sich insbesondere der "Media Ecology" (Zeitgeistlos, n.d.). Er lebte in Flushing, New York, hatte drei Kinder und war verheiratet. Er starb am 09.10.2003 im Alter von 72 Jahren. Postman vertrat die These, dass das Fernsehen die Urteilsbildung der Bürger gefährde und der Zwang zur Bebilderung zu einer Entleerung der Inhalte von Politik und Kultur führe. Er prägte dafür den Begriff des "Infotainment". In diesem Zusammenhang beklagte Postman die Infantilisierung der Gesellschaft (Postman, 1985, S. 14). Postman veröffentlichte insgesamt 18 Bücher und bleibt bis heute wegen seiner kulturpessimistischen Weltanschauung als "Popstar der Medienkritiker" im Gedächtnis seiner Leser (Spiegel Online, 2003).

Der Inhalt des Buches "Wir amüsieren uns zu Tode" dreht sich – kurz zusammengefasst – darum, dass das Medium Fernsehen und seine Auswirkungen auf die Kultur die Menschen in die Unmündigkeit treibe (Postman, 1985, S. 39). Postman verweist in seinem Buch auf die Zukunftsvision Aldous Huxley's, welcher in seinem 1932 erschienenen Dystopie-Roman („Brave New World", zu deutsch: „Schöne Neue Welt") vor der Verkümmerung der Gesellschaft durch konditionierte permanente Befriedigung in Form von Konsum, Drogen und Sex warnte. In dem Roman geht es jedoch weniger um die Tatsache, dass diese Dinge den Menschen "betäuben" sondern darum, dass sie der Gesellschaft das Bedürfnis zum kritischen Denken und Hinterfragen ihrer Weltordnung nehmen (ebd., S. 7).

Dieser Annahme beisteuernd, zieht sich der Gedanke der Zukunftsgesellschaft nach Huxley wie ein roter Faden durch Postmans kompletten Roman. Er stützt seine Argumentation in den folgenden Kapiteln auf die unkontrollierte Entwicklung der Medien wie Telegraphie und Fotografie, jedoch legt er starken Fokus auf das Medium Fernsehen und seine einschneidende Auswirkung auf die Kultur. Er kritisiert, dass nur das geschriebene Wort als "wahr" anzusehen sei, und das Fernseh-Zeitalter, welches das des Buchdruckes ablösen werde, Informationen fälschlicherweise als "wahr" präsentiere, welche jedoch hauptsächlich der Unterhaltung dienten (ebd., S. 17, S. 116). Außerdem würden die Schnelligkeit und Kurzlebigkeit der Fernsehbilder die Reflexion der vermittelten Inhalte verhindern und somit die Aufnahme der Informationen unmöglich machen. Diese Tatsache sei nach Postman ein entscheidendes Kriterium der Urteilsbildung durch das Medium Fernsehen (ebd., S. 168). In dieser Hinsicht warnt Postman vor Trivialisierung, Boulevardisierung und Infantilisierung der Gesellschaft durch die Unkultur des (bewegten) Bildes (ebd., S. 14).

Des Weiteren führt Postman an, ein Medium sei als Metapher anzusehen und drückt damit aus, dass sich im Zuge der Einführung einer neuen Technik, etwa des Schreibens oder der Uhr, in einer Gesellschaft nicht nur dieser eine Nutzen, des Schreibens oder des Zeiteinteilens für den Menschen ergibt, sondern dass sich mit dieser Einführung der Technik vielmehr auch ihre Denkweise und der Inhalt ihrer Kultur verändern (ebd., S. 23 ff.). Damit vertritt er in seinem Buch die Meinung, dass Medien im Generellen unsere Wahrnehmung beim Aufnehmen von Informationen verändern (ebd. S. 116). Zusätzlich hebt er hervor, dass sich die Diskursstruktur einer Gesellschaft verändere, wenn ein wichtiges neuartiges Medium populär wird. Genauer gesagt, dass Medien neue Formen von Wahrheit und Wahrheitsäußerung hervorbrächten (ebd., S. 39). Postman kritisiert also nicht das Medium Fernsehen an sich, sondern die Art und Weise wie es die Inhalte dem Rezipienten vermittelt und wie dieser es aufnimmt (ebd., S. 27, S. 99). Postman schließt seine Argumentation damit ab, seinem Leser einen Lösungsvorschlag auf den Weg zu geben. Nach ihm sei die Schule das einzige Massenmedium, welches nachhaltig an dem Medienbewusstsein der Menschen arbeiten könne und ihnen dabei helfen könne, Abstand von den "dominierenden Informationsformen ihrer Kultur" zu nehmen (ebd., S. 199 f.).

Postman spricht in seiner Publikation hauptsächlich von der Entwicklung des Mediums Fernsehen in Amerika. Die Entwicklung des Fernsehens in Deutschland nahm jedoch einen etwas anderen Verlauf. Daher soll im folgenden Abschnitt dieSituation des Fernsehens zu dieser Zeit nähergehend zu erläutert und von den Standorten abgegrenzt werden.

In den U.S.A wurde das Fernsehen quasi von Beginn an kommerziell genutzt. Im Jahr 1945 existierten bereits 108 Privatsender. Bis in die 1980er-Jahre hinein hatten die so genannten „Big Three", also NBC (National Broadcasting Company), ABC (American Broadcasting Company) und CBS (Columbia Broadcasting System) die führende Rolle (Bachem, 1995, S. 31 ff.). Mitte der 1970er-Jahre sind dann bezahlte TV-Sender (Pay-TV) und das Kabelfernsehen populär geworden. Letzteres verbreitete sich so stark, dass es in den 1980er-Jahren die Vormachtstellung der „Big Three" brach. Fast 70% der amerikanischen Haushalte hatten bis zum Jahr 1999 einen Vertrag mit einem Kabelanbieter abgeschlossen (ebd., S. 38 ff.).

Wie bereits in Kapitel 3.1 detailliert beschrieben, fanden erst in den 1980er-Jahren durch die Entstehung des dualen Rundfunksystems Programme des Privatfernsehens ihren Weg in das traute Heim ihrer deutschen Zuschauer. Durch die neuen Sender RTL und SAT.1, und die daraus resultierende Konkurrenzsituation zu den öffentlich-rechtlichen Sendern, begann auch in Deutschland die Kommerzialisierung des Mediums Fernsehen. Somit ist festzuhalten, dass das Medium Fernsehen zur Zeit der Veröffentlichung von Postman's Werk eine ganz andere Charakteristik aufwies, wie das in Deutschland der Fall war.

Mit dieser Grundlage des Wissens über die damalige Situation in beiden Ländern wird im folgenden Kapitel die Titelthese Postman's nähergehend beleuchtet und auf das heutige Programmangebot bezogen.

5.1   Bezug zur These + Internet

Neil Postman sprach in seinem Buch lediglich von der Unterhaltungsindustrie in Amerika den 1980er Jahren. Wie in den letzten Kapiteln bereits erwähnt, war die Unterhaltungsindustrie in diesem Zeitraum vorrangig vom Fernsehen als "dem"

Massenmedium geprägt. Die Aussagen Postman's sind jedoch auch, und vielleicht gerade heute noch – nach 33 Jahren, im Zeitalter des Internets von Belang.

Im folgenden Kapitel soll erörtert werden, inwiefern Postman's Thesen in Anbetracht des aktuellen Programmangebots zu bewerten sind und ob das Internet zu wesentlichen Veränderungen geführt hat. Des Umfangs der vorliegenden Arbeit geschuldet, werden nur die wichtigsten Thesen herausgestellt mit besonderem Fokus auf der These des Buchtitels *Wir amüsieren uns zu Tode*. Dabei wurde darauf geachtet, die Argumentation objektiv zu halten und lediglich in die Bewertung eine subjektive Meinung einfließen zu lassen.

Neil Postman kritisiert in seinem Buch den Wandel, den die Informationsumwelt durch die Unterhaltungsgesellschaft genommen hat. Er beschreibt zu Beginn in seinem 1. Kapitel "Das Medium ist die Metapher", dass der öffentliche Diskurs immer mehr die Form des Entertainments annehme und sich Themen wie Religion, Nachrichten und Politik zum Showbusiness verwandeln (Postman, 1985, S. 12). Diese Veränderung tadelt er mit den Worten: "Wir sind im Zuge dieser Entwicklung zu einem Volk geworden, das im Begriffe ist, sich zu Tode zu amüsieren" (ebd., S. 12), woraus sich auch der Titel der Publikation ergeben hat. Im Folgenden soll analysiert werden, welcher Argumentation diese Aussage zugrunde liegt und inwiefern diese Stellungnahme hinsichtlich des heutigen Programmangebots zu bewerten ist.

Postman stellt dar, dass das Fernsehen eine Fortführung der Telegraphie und der Fotografie sei. Die Telegraphie sorge nach Postman bereits für einen Informationsaustausch ohne Nutzen und in Kombination mit der Fotografie verwandle sie sich zu einer kontextlosen, einfachen und zusammenhangslosen Sprache, die nichts erkläre und lediglich Faszination biete anstelle von Komplexität und Kohärenz (ebd., S. 85, S. 98). Diesen Punkt der Kohärenz kritisierte Postman bereits, als er vor dem Untergang des Buchdruckzeitalters warnte, welches die Entwicklung des Fernsehens mit sich brächte (ebd., S. 17). Nach Postman können diese zwei Kräfte nicht nebeneinander existieren, da Koexistenz ein Gleichgewicht der Kräfte voraussetze (ebd., S.41). Dem Buchdruck räumt Postman hingegen den absoluten Vorrang ein, und betont mehrmals, dass nur das geschriebene Wort Wahrheit vermittle (ebd., S. 36).

Damit konstatiert der Medienwissenschaftler deutlich, dass er dem Fernsehen, welches aus der Kombination von Bild und Sprache entsprang, einen niederen Nutzen zuspricht, und den vermittelten Inhalt als belanglos und trivial hält. Darauf weiter eingehend, kritisiert er an dem "Happy Medium" – wie das Fernsehen auch genannt wurde – dass es jedes Thema als Unterhaltung präsentiere (ebd., S. 110). Auch die Nachrichten sind laut Postman pure Unterhaltung. Dem Zuschauer würde suggeriert, dass man diese nicht ernst zu nehmen bräuchte (ebd., S. 110, S. 128). Diese Aussage stützt er auf Tatsachen wie, dass sich Nachrichtensender ihre Sprecher lediglich nach dem Aussehen und ihrer Wirkung auf den Zuschauer aussuchten, und im Umkehrschluss der Zuschauer von dem Aussehen der Nachrichtensprecher auf den Wahrheitsgehalt des Gezeigten schließe (ebd., S. 126). Diese Wechselwirkung sieht Postman als entscheidenden Faktor der Urteilsbildung durch das Medium Fernsehen.

Die Nachrichten verlieren, so Postman, aber auch durch die Zerstückelung ihrer Sequenzen an Glaubwürdigkeit, da die häufig verwendete Floskel "Und jetzt,...", welche dem Rezipienten das bevorstehende Thema ankündige, suggeriere, das vorangegangene sei belanglos und er solle seine Konzentration auf das zukünftige Thema richten (ebd., S. 124). Dabei mahnt Postman, dass der Informationsgehalt von Nachrichten durch die schnelle Abfolge von Themen verloren ginge, und der Sinn der Nachrichtensendung nicht mehr in der Übermittlung von Informationen bestünde, sondern lediglich darin, den Zuschauer zu unterhalten (ebd., S. 124).

Somit macht er nicht nur den Unterhaltungsfaktor verantwortlich für die vermeintlich dramatische Auswirkung auf die Kultur des Landes, sondern auch die Kontextlosigkeit, die sich aus den vermittelten Informationen ergibt. Dies begründet er mit der Aussage, dass Menschen früher "nach Informationen suchten, um den realen Kontext ihres Daseins zu erhellen, [währenddessen] sie jetzt Kontexte erfinden [müssen], in denen sich nutzlose Informationen scheinbar nutzbringend gebrauchen ließen (ebd., S. 97). Diese Aussage unterstreicht er nochmals, als er das Wort "Pseudo-Kontext" einführt, und diesen als eine Struktur beschreibt, "die erfunden wird um bruchstückhaften, belanglosen Informationen einen Scheinnutzen zuzuordnen." (ebd., S. 98).

Damit hegt er ebenfalls Kritik an dem veränderten Austausch in der amerikanischen Gesellschaft. Bezugnehmend auf seine These, dass Medien wie Metaphern seien und unsere Sprache unser Medium, konstatiert er, dass wir "die Natur, die Intelligenz, die menschliche Motivation und die Ideologie nicht so [sehen], wie sie sind, sondern so, wie unsere Sprachen sie uns sehen lassen" (ebd., S. 25). Damit möchte Postman aussagen, dass wir Medien nicht bloß als die Technologie, welche dahintersteht, betrachten müssen, sondern tiefgreifender anzusetzen haben. Nach ihm, formt ein Medium die Denkweisen und den Inhalt unserer Kultur (ebd., S. 23). Damit betont der Medienforscher, dass ein wichtiges neuartiges Medium die Diskursstruktur verändere, und zwar indem es bestimmte Anwendungsformen des Intellekts fördere, bestimmte Definitionen von Intelligenz und Weisheit bevorzuge und nach einer bestimmten Art von Inhalten verlange – kurz, indem es neue Formen von Wahrheit und Wahrheitsäußerung hervorbrächte (ebd., S. 39).

Postman setzt in seinem Buch, um die Titelthese "Wir amüsieren uns zu Tode" zu stützen also darauf, dass die Entwicklung neuer Technologien eine Veränderung der Gesellschaft mit sich bringe, die Diskursstruktur verändere, den Wahrheitsgehalt von Informationen beschädige, und die Gesellschaft es einfach so hinnehme, ohne diesen Tatbestand weitergehend zu hinterfragen. Der Medienwissenschaftler setzt bei seinem einzigen Lösungsvorschlag auf das Massenmedium – wie er es beschreibt – Schule (ebd., S. 197). Dabei hebt er hervor, dass es wichtig sei, "den jungen Menschen beizubringen, wie sie von den dominierenden Informationsformen ihrer Kultur Abstand gewinnen können" (ebd., S. 198). Trotzdem appelliert er in dieser Hinsicht auch an die Vernunft des Individuums und schließt seine Argumentation mit folgender Aussage ab: "Denn kein Medium ist übermäßig gefährlich, sofern seine Benutzer wissen, wo die Gefahren lauern" (ebd., S. 196).

Heute, nach 33 Jahren, sind Postmans Thesen aktueller als jemals zuvor. Denn die technologische Entwicklung, die in den letzten 30 Jahren stattgefunden hat, bringt wie Postman es angekündigt hat, nicht nur positive Aspekte mit sich. Trotzdem sind einige Ansichten Postmans nicht mehr zu 100% auf die heutige Gesellschaft abzuleiten. Welche Veränderungen mit Hinblick auf das Internet das heutige Programmangebot mit sich brachte, wird im Folgenden erörtert.

Als 1991 die rasche Verbreitung des kommerziellen Internets seinen Lauf machte, veränderte dies natürlich auch die Informationsumwelt zu dieser Zeit. Es kam ein neues Medium dazu, welches auch, wie Postman es schon beim Fernsehen beschrieb, die Diskursstruktur veränderte. Man kann Informationen rund um die Uhr abrufen, und sich über die Inhalte mehrerer Kanäle eine Meinung bilden.

Diese Entwicklung führt natürlich auch häufig dazu, dass falsche Informationen rascher an die Gesellschaft treten, insbesondere durch soziale Netzwerke und andere soziale Medien. Häufig werden Meldungen ungeprüft weitergegeben und somit der Wahrheitsgehalt geschädigt. Ein aktuelles Beispiel dafür ist der Präsidentschaftswahlkampf 2016 in den USA. Sowohl Hillary Clinton als auch Donald Trump sahen sich mit Falschmeldungen über vermeintliche Skandale und angebliche politische Absichten konfrontiert. In dieser Zeit wurde der Begriff "Fake News" geprägt und bedeutet so viel wie manipulative und inhaltlich falsche Meldungen, oder solche, die oft um Halbwahrheiten ergänzt werden (Springer Gabler Verlag, 2018). Auch wenn mittlerweile schon von Seiten der Webseiten-Betreiber wie *Facebook* gegen die Verbreitung von Fake News angegangen wird, ist es wohl unmöglich diese komplett aus sozialen Netzwerken zu verbannen, und somit stellt diese Entwicklung selbstverständlich eine negative Auswirkung dar.

Es ist außerdem anzuführen, dass sich das Programmangebot zu Unterhaltungszwecken ausgebaut hat. Das Internet wird nicht nur als reine Informationsplattform genutzt, sondern um sich – wie Postman es ausdrücken würde - zu amüsieren. Durch die Vielfältigkeit im Netz findet jeder Nutzer Programme und Angebote, die auf dessen Geschmack zugeschnitten sind. Seien es Video-Plattformen wie *Youtube*, Musik-Streaming-Dienste wie *Spotify* oder Video-on-Demand-Services wie *Maxdome*. Man könnte hier anführen, dass zusätzlich zu dem ganzen Unterhaltungsangebot auch eine vermehrte Zahl an Dokumentationen und Wissenssendungen für die breite Masse verfügbar gemacht wurden, die darauf abzielen, mit ihrem Inhalt Wissen zu vermitteln.

Auf das Fernsehen bezogen lässt sich sagen, dass viele Sendeformate in Deutschland, insbesondere auf den öffentlichen Kanälen dem Zuschauer die Tür öffnen, um an einem politischen oder kulturellen Diskurs teilzunehmen. Einige deutsche Sender verpflichten sich auch zu einem bestimmten Informationsanteil. Bei der ARD beispielsweise liegt dieser bei 40% (ohne Sport). In den Dritten Programmen läge dieser sogar deutlich höher (Das Erste, 2015). Da mittlerweile jeder Sender eine Online-Plattform bietet, häufig mit eigener Video-Mediathek, ist dieser Informationsgehalt ebenso auf deren Online-Präsenz zu übertragen. Diese

Leitlinien einzelner Fernseh-Programme oder Online-Angebote widersprechen sozusagen Neil Postmans These, dass die Informationen im Fernsehen zu einer Ware gemacht würden, die der reinen Unterhaltung diene (Postman, 1985, S. 110). Auch widerspricht der recht hohe Informationsgehalt dieser Sendeformate Postman's Ansicht, dass das Fernsehen genau dann am gefährlichsten sei, wenn es sich als anspruchsvoll gäbe und sich als Vermittler bedeutsamer, kultureller Botschaften präsentiere (ebd., S. 27). Hier ist jedoch anzumerken, dass eher die Minderheit der Fernseh- oder Online-Programme der reinen Information dienen, und es eher Spartenprogramme sind, welche Inhalte wertfrei vermitteln. Auch das Internet bietet zahlreiche informative Webseiten, welche Inhalte transparent darstellen und durchaus als Quelle für wissenschaftliche Arbeiten genutzt werden können. Dieser Punkt widerspricht Postman's Ansicht deutlich, dass unsere Gesellschaft sich in eine Informationsumwelt hineinbewege, die lediglich dem trivialen Zeitvertreib diene (ebd., S. 140).

Als weiterer Punkt wäre zu nennen, dass die Generation der Menschen, welche zwischen 1980-2000 geboren wurden, sogenannte "Millennials" oder auch (je nach Quelle) "Generation Y" genannt, mit den Medien aufgewachsen sind, und gelernt haben, sie mit der Zeit einzuschätzen und bewerten zu können (Online Marketing, 2018). Sozusagen sollte dieser Generation ein gewisses Medienbewusstsein zugeschrieben werden, welches beinhaltet, die Quelle der jeweiligen Information kritisch hinterfragen zu können, bevor man sich eine bestimmte Meinung über den Inhalt bildet. Dieser Fakt widerspricht der Meinung Postman's, dass die Gesellschaft sich – anlehnend and Huxley's dystopische Zukunftsversion in "Schöne neue Welt"- von dem Konsum "betäuben" ließe und dieser sie in die Unmündigkeit treibe. Denn wenn diese Eigenschaft auf jeden Menschen übertragbar wäre, würde die Verbreitung von Fake News, Internet-Hetze oder ähnliches möglicherweise eingedämmt werden. Natürlich ist die Einstufung einer Gesellschaft in bestimmte Bevölkerungskohorte rein theoretisch und es können nicht alle ihr zugeschriebenen Eigenschaften auf das Individuum übertragen werden. Sozusagen ist die Art und Weise, wie der Fernsehzuschauer oder Internetnutzer das Gezeigte rezipiert, abhängig von ihm selbst und unterschiedlich zueinander.

Postman's Ansicht über die Vermittlung von Informationen zwecks Telegraphen, lassen jedoch – dem vorhergegangenen Argument entgegensprechend – einige Parallelen zum heutigen Internetnutzer zu. Er sagt, dass durch den Telegraphen der Begriff "Bescheidwissen" ein neues Gewicht erlange und Folgen, Hintergründe und Zusammenhänge zu verstehen, nicht mehr dazu gehörten (ebd., S. 91). Damit traf er den Zahn der Zeit. In der heutigen Informationsgesellschaft geht es nicht mehr darum, Wissen zu besitzen, sondern darum, zu wissen, wo man es findet. Man möchte sich informieren also ruft man eine Suchmaschine auf und "googelt" nach der Definition. Man überfliegt die Zeilen und denkt, man wisse Bescheid. Dabei hat man sich oberflächlich informiert, aber tiefergehende Zusammenhänge nicht verstanden. Somit war Postman, mit seiner damaligen Ansicht unserer heutigen Gesellschaft um einiges voraus.

Ein weiteres Manko der "Big-Data-Gesellschaft" von heute hat Postman ebenfalls bereits 1985 vorausgesehen, als er auf den Computer zu sprechen kam. Welche Auswirkungen die Speicherung von Daten auf die Gesellschaft haben könnte, hat Postman in seinem Buch sehr treffend beschrieben:

"Bis man dann in einigen Jahren erkennt, daß die Speicherung gewaltiger Datenmengen und ihre lichtgeschwinde Abrufbarkeit zwar für große Organisationen von hohem Wert sind, daß sie den meisten Menschen aber bei wichtigen Entscheidungsfindungen wenig geholfen und mindestens ebenso viele Probleme hervorgebracht wie gelöst haben" (ebd., S. 196).

Damit bringt der Medienforscher zur Sprache, was heutzutage den Hauptkritikpunkt der Entwicklung der Informationsgesellschaft darstellt. Die schnelle Verfügbarkeit der Daten hat – wie vorhin am Beispiel der Fake News erläutert – nicht nur positive Seiten. Die Daten der Internetnutzer wie z.B. Online-Zugangsdaten wie die IP-Adresse und die Anschlusskennung (Rufnummer oder DSL-Kennung) werden gespeichert und unter anderem zu Werbezwecken weiterverkauft. Aber nicht nur die Fußspuren im Netz werden festgehalten, sondern auch Anrufe oder SMS, die der Nutzer tätigt. Dabei werden von Telefon-Providern nicht nur die Telefonie-Daten gespeichert, sondern auch die Standorte, an denen die Nutzer Nachrichten verschicken oder Telefonate tätigen (Focus Online, n.d.). Bei der heutzutage stetigen und allgegenwärtigen Nutzung von Smartphones, Tablets und Co., kann man sich kaum vorstellen, wie hoch diese Datenansammlungen sein mögen. Diese Entwicklung sehen Datenschutzexperten nicht ohne Grund als Bedrohung der Privatsphäre.

Zusammengefasst lässt sich also sagen, dass ein Großteil der Aussagen Postman's heutzutage bedeutender zu werten sind denn je. Die Entwicklung des Fernsehens war erst eine leise Vorahnung auf das, was danach kommen mochte. Denn es ist zu sagen, dass das Internet definitiv Veränderungen mit sich brachte. Das Internet als bahnbrechende Erfindung des 21. Jahrhunderts veränderte das Nutzungsverhalten der Gesellschaft. Es verstärkt Effekte des Fernsehens, wie zum Beispiel die Nutzung zu Unterhaltungszwecken aber es bietet dem Rezipienten auch Raum zur Diskussion wie z.b. durch soziale Netzwerke oder informative Plattformen. Jedoch birgt das Internet auch einige Gefahren. Unsere Gesellschaft hat die Entwicklung des Internets mit geöffneten Armen empfangen, sich ihre Vorteile zu Nutzen gemacht und die Inhalte konsumiert. Allerdings hat sie sich nicht darauf konzentriert, welche Ausmaße diese Entwicklung nehmen könne. Dass man als Einzelperson durch seinen digitalen Fußabdruck durchleuchtbar werden könne oder dass man seine Meinung vielleicht schneller und unüberlegter treffe, weil man davon ausgeht, man sei genug – und vor allem richtig – informiert. Diesen Effekt kritisierte Postman schon beim Telegraphen und beim Fernsehen, und auch auf das Internet ist er abzuleiten – wahrscheinlich sogar in verstärkter Form.

Um dieser Entwicklung entgegenzuwirken, sollte man Postman's Lösungsansatz noch einmal reflektieren. Er war der Meinung, die Schule sei das Medium, auf das man setzen solle, wenn es darum ginge, junge Menschen früh genug darin zu unterrichten, wie man Abstand zu den Medien gewinnen könne (ebd., S. 198). Und genau diese Aussage würden wir unterstützen. Die folgenden Generationen werden sich genauso wie die vorhergegangenen, an die jeweilige Technologie anpassen müssen und mit ihr leben lernen. Dabei ist es wichtig, früh ein Bewusstsein für den Umgang mit dem jeweiligen Medium zu entwickeln, um die Inhalte kritisch hinterfragen und bewerten zu können. Daher denken wir, es ist wichtig und gut, sich in Schulen und in Universitäten mit dem Thema auseinanderzusetzen und es sich bewusst zu machen. Damit jeder von Anfang an dahingehend unterrichtet wird, dass man Informationen nicht einfach aufschnappen und vergessen, sondern reflektieren und bewusstmachen sollte. Um es mit Postman's Worten auszudrücken: "Wer fragt, bricht den Bann" (ebd., S. 196). Dass das Thema Medien in den letzten

Jahren solchen Zuspruch in der Gesellschaft gefunden hat, sehen wir als positiv an, weil es bedeutet, dass man sich stärker und nähergehend mit ihnen auseinandersetzt. Dass zahlreiche Universitäten Studiengänge zu dieser Thematik anbieten, gibt einem Sicherheit, dass die Gesellschaft sich darauf einstellt, dass es eine Welt ohne Medien nicht mehr geben wird und wir dafür verantwortlich sind, den besten Nutzen aus ihnen zu ziehen. Wie auch immer dieser aussehen mag muss jeder für sich selbst definieren.

Dass das Internet jedoch auch ein Unterhaltungsmedium ist, unterhalten soll und dafür vielleicht sogar größtenteils genutzt wird, sollte nicht auf die These „Wir amüsieren uns zu Tode" übertragen werden, denn wir appellieren hier an die menschliche Vernunft und denken, dass sich jeder Nutzer darüber im Klaren sein sollte, in welchem Ausmaß er das Internet zur Unterhaltung oder zur Information nutzt. Auch wenn die Unterhaltung bei vielen im Vordergrund steht, denken wir nicht, dass der Informationsgehalt dafür einbüßen muss. Und wenn Zweifel am Wahrheitsgehalt eines Inhaltes aufkommen sollten, ist es immernoch aktuell - entgegen Postman's Hypothese sprechend, dass das Fernsehzeitalter das des Buchdruckes ablösen werde – die jeweilige Information einfach in der passenden Literatur nachzuschlagen.

6   Persönliches Fazit

In der vorliegenden Arbeit wurde die historische Entwicklung des Rundfunks und des Internets in Deutschland erläutert, um eine Basis zu schaffen, auf welcher wir die veröffentlichte Publikation Neil Postmans „Wir amüsieren uns zu Tode" bewerten konnten.

Der Fokus dieser Erörterung wurde darauf gelegt, wie Postman's These zu bewerten sei, welche Veränderungen das Internet mit sich brachte und wie dies in Anbetracht des heutigen Programmangebots darzustellen ist. Diese Ergebnisse wurden in Beziehung zu Neil Postman's Publikation gesetzt und Unterschiede, sowie Gemeinsamkeiten herausgestellt.

Es kann konstatiert werden, dass nach der Gegenüberstellung Postman's Thesen und Faktoren des heutigen Programmangebots, viele Parallelen zu Postman's Ansicht von vor 33 Jahren erkannt wurden. Postman war der Meinung, dass neue Technologien neue Diskurstrukturen in einer Gesellschaft hervorrufen, sowie den Wahrheitsgehalt einer Äußerung schmälern. Ebenso war er davon überzeugt, dass diese lediglich zu Unterhaltungszwecken dienen, und jedes Thema als Unterhaltung präsentieren. Diese Beobachtung ist auch auf unsere heutige Gesellschaft abzuleiten, insbesondere durch die Erfindung des Internets. Jedoch in einem anderen Rahmen: Auch das Internet wird zu Unterhaltungszwecken genutzt, genauso wie immer noch das Fernsehen. Jedoch ist einigen Programmen in Deutschland ein bestimmter Informationsanteil vorgeschrieben und diese Inhalte sind gegenüber anderen Formaten nicht als bloße Unterhaltungssendung anzusehen. Neil Postman setzt die damalige Gesellschaft mit der in Huxley's dystopischer Zukunftsversion gleich, welche sich durch Konsum das kritische Hinterfragen ihrer Weltordnung nehmen lassen, dies jedoch nicht bemerken und glücklich leben. Diese Verbindung ist nach dem Erörtern der These als nicht unbedingt wahr oder richtig festzuhalten. Diese kritische Auffassung Postman's ist durch die neuen Generationsbilder eingedämmt wurden, da sie ein gewisses Medienbewusstsein vorraussetzen und somit auch die kritische Behandlung der vermittelten Inhalte fördern.

Zusammenfassend ist jedoch festzuhalten, dass ein Großteil von Postman's Thesen und auch die Titelthese „Wir amüsieren uns zu Tode" in bestimmtem Maße auf unsere heutige Informationsgesellschaft und ihren Eigenschaften abzuleiten ist. Wir können also konstatieren, dass Postman vor 33 Jahren schon einen kritischen Blick für das hatte, was noch lange nach ihm unsere Gesellschaft bewegen würde.

Literaturverzeichnis

Bachem, C. (1995). *Fernsehen in den USA. Neuere Entwicklungen von Fernsehmarkt und Fernsehwerbung*. Wiesbaden.

Bundeszentrale für politische Bildung. (30. August 2012). Abgerufen am 15. Januar 2018 von http://www.bpb.de/143311/fernsehen-im-dritten-reich

Das Erste. (19. Oktober 2015). Abgerufen am 22. Januar 2018 von Programmauftrag der ARD: https://daserste.ndr.de/ard_check/fragen/Programmauftrag-der-ARD,antworten110.html

Flat Business. (n.d.). Abgerufen am 24. Januar 2018 von Web 1.0 vs Web 2.0 vs Web 3.0 vs Web 4.0 vs Web 5.0 – A bird's eye on the evolution and definition: https://flatworldbusiness.wordpress.com/flat-education/previously/web-1-0-vs-web-2-0-vs-web-3-0-a-bird-eye-on-the-definition/

Focus Online. (n.d.). Abgerufen am 01. Februar 2018 von Umfang: Was wird gespeichert?: https://www.focus.de/digital/internet/tid-16534/vorratsdatenspeicherung-umfang-was-wird-gespeichert_aid_461625.html

Georgi, T. (2016). *Basiswissen zum öffentlich-rechtlichen Rundfunk für Juristen*. lecturio.

Georgi, T. (2016). *Recht oder Unrecht? Der Rundfunkbeitrag*. lecturio.

Gorse, C., & Schneider, D. (09. Februar 2017). *planet wissen*. Abgerufen am 15. Januar 2018 von ARD Mediathek: https://www.planet-wissen.de/kultur/medien/geschichte_des_radios/index.html

Hilbert, M., & López, P. (2011). The World's Technological Capacity to Store, Communicate, and Compute Information. *Science*(332), S. 60-65.

Jürgen, H. (1999). *Medienökonomie: Hörfunk und Fernsehen* (Bd. 2). Wiesbaden: Westdeutscher Verlag.

Konitzer, A. (2010). *Landesmedienzentrum Baden-Württemberg*. Abgerufen am 17. Januar 2018 von https://www.lmz-bw.de/geschichte-internet.html

Konter, S. (2007). *Familie und Fernsehen: Bestandsaufnahme eines vernachlässigten medienpädagogischen Kernbereiches*. GRIN Verlag.

lecturio.de. (2016). *Der private Rundfunk – das müssen Juristen darüber wissen*.

Loesche, D. (11. Dezember 2017). *Statista*. (Goldmedia, Herausgeber) Abgerufen am 24. Januar 2018 von Marktanteile der VoD-Anbieter in Deutschland: https://de.statista.com/infografik/12214/marktanteile-der-vod-anbieter-in-deutschland/

McKinsey. (n.d.). *Statista*. Von Anzahl der Personen ohne Internetanschluss in ausgewählten Ländern im Jahr 2013 (in Millionen): https://de.statista.com/statistik/daten/studie/370005/umfrage/personen-ohne-internetzugang-in-ausgewaehlten-laendern/ abgerufen

NetMarketSharte. (n.d.). *Marktanteile der Suchmaschinen weltweit nach mobiler und stationärer Nutzung im Dezember 2017*. (S. -d. Statistik-Portal, Herausgeber) Abgerufen am 17. Januar 2018 von https://de.statista.com/statistik/daten/studie/222849/umfrage/marktanteile-der-suchmaschinen-weltweit/

Online Marketing. (2018). Abgerufen am 17. Januar 2018 von Definition Millenial: https://onlinemarketing.de/lexikon/definition-millennial

Pürer, H. (2015). *Medien in Deutschland*. Konstanz: UVK Verlagsgesellschaft mbH.

Radio Bremen: Chronik. (14. Januar 2010). Abgerufen am 15. Januar 2018 von http://www.radiobremen.de/unternehmen/chronik/gleichwelle100.html

Reinle, D. (2005). *Demokratie aus dem Äther*. WDR.

Schätzelein, F. (1995). *Rundfunkpolitik im Westdeutschland der Nachkriegszeit*.

Spiegel Online. (09. Dezember 2003). Abgerufen am 24. Januar 2018 von Gestorben Neil Postman: http://www.spiegel.de/spiegel/dokument/d-29459826.html

Springer Gabler Verlag (Hrsg.). (n.d.). *Gabler Wirtschaftslexikon*. Abgerufen am 24. Januar 2018 von Stichwort: Web 2.0: http://wirtschaftslexikon.gabler.de/Archiv/80667/web-2-0-v10.html

Statista. (n.d.). Abgerufen am 24. Januar 2018 von Anzahl der Internetnutzer in Deutschland in den Jahren 1997 bis 2017 (in Millionen): https://de.statista.com/statistik/daten/studie/36146/umfrage/anzahl-der-internetnutzer-in-deutschland-seit-1997/

Statista. (n.d.). Abgerufen am 26. Januar 2018 von Anzahl der aktiven Nutzer von Online-Dating-Börsen in den Jahren 2003 bis 2015 (in Millionen): https://de.statista.com/statistik/daten/studie/76504/umfrage

Stuiber, H.-W. (1998). *Medien in Deutschland*. UVK Medien.

Weichler, P. D. (2003). *Handbuch für freie Journalisten.* Wiesbaden: Westdeutscher
    Verlag.

Zeitgeistlos. (n.d.). Abgerufen am 24. Januar 2018 von Biographie:
    http://www.zeitgeistlos.de/buecher/postman_bio.html

Milton Keynes UK
Ingram Content Group UK Ltd.
UKHW010632080923
428298UK00003B/41